Carnet avec Papi

Mickaël Nicotera

Dans la même collection :

- Carnet de gratitude
- Carnet défouloir
- Carnet de voyages
- Carnet de Noël
- Carnet de points à relier
- Carnet de grossesse
- Carnet de mariage
- Carnet de plongée
- Carnet d'observations
- Carnet d'observations astronomiques
- Carnet des 100 choses à faire avant de mourir
- Carnet d'évolution
- Carnet des premières fois
- Carnet de geocaching
- Carnet de plantations
- Carnet de la coupe d'Europe ou du monde
- Carnet de programmation au collège
- Carnet du nouveau brevet des collèges
- Carnet d'écriture
- Carnet de mes recettes
- Carnet de moi-même
- Carnet de mon enfance
- Carnet de coloriages magiques
- Carnet de textes
- Carnet avec Mamie
- Carnet avec Papi

MicNic Editions

Ce carnet appartient à

....

et à son papi

....

TA NAISSANCE

Prénoms :

....

....

....

....

Nom de famille :

....

Pays de naissance :

....

Ville de naissance :

....

Poids et taille à la naissance :

....

Ton portrait bébé :

Couleur des yeux :

- ☐ Bleu
- ☐ Marron
- ☐ Vert
- ☐ Gris

Couleur des cheveux :

- ☐ Blond
- ☐ Noir
- ☐ Châtain
- ☐ Roux
- ☐ Pas de cheveux

A TON ÉPOQUE

Bébé

Ton année de naissance :

....

Ton siècle de naissance :

....

Président quand tu es né :

....

Plus grande invention quand tu étais bébé ?

....

Plus grand évènement quand tu étais bébé ?

....

Qu'est-ce qui n'existaient pas ?

- ▢ Télévision
- ▢ Télévision couleur
- ▢ Ordinateur
- ▢ Internet
- ▢ DVD
- ▢ Téléphone portable

Comment t'amusais-tu ?

....

....

....

....

....

....

....

....

....

....

....

TON ENFANCE

Colle ici
une photo de toi enfant

Colle ici
une photo de toi
et moi bébé

Construis sur les deux pages ton arbre généalogique :

Enfant

A L'ÉCOLE

Ville de ton enfance :	Ton école primaire :
....	....

Tu étais un élève :

- ☐ sage
- ☐ discret
- ☐ sérieux
- ☐ dissipé
- ☐ agité
- ☐ avec des difficultés
- ☐ au fond de la classe
- ☐ souvent au coin
- ☐ avec beaucoup de bons points
- ☐ premier de la classe
- ☐ ....

Dessine la tenue que tu portais :

Tes matières préférées :

- ☐ mathématiques
- ☐ français
- ☐ histoire
- ☐ géographie
- ☐ éducation physique
- ☐ musique
- ☐ science naturelles
- ☐ morale
- ☐ cuisine
- ☐ couture
- ☐ autre : ....

Tu as été jusqu'en classe de :

....

Tes diplômes :

....

....

TA PLUS GROSSE BÊTISE

Raconte ta plus grosse bêtise :	Faîte vers l'âge de :
....	....
....	Faisais-tu souvent des bêtises ?
....	▢ oui ▢ non
....	As-tu déjà volé des bonbons ?
....	▢ oui ▢ non
....	
....	
....	
....	
....	
....	
....	
....	
....	
....	
....	

ÉVÈNEMENTS MARQUANTS

Raconte les évènements historiques que tu as vécus :	Raconte un évènement marquant de ta vie :
....	....
....	....
....	....
....	....
....	....
....	....
....	....
....	....
....	....
....	....
....	....
....	....
....	....
....	....
....	....

TON MÉTIER

Premier métier :	Dernier métier :
....	....
Les différents métiers que tu as exercés : .... Ton dernier métier était ? ▢ fatiguant ▢ passionnant ▢ gratifiant ▢ pas assez payé ▢ en perte de reconnaissance ▢ en voie de disparition ▢ autre : .... Tu as été à la retraite le :	Colorie la jauge pour montrer à quel point tu appréciais ton métier :

LA RENCONTRE AVEC MAMIE

Rencontre le :	Mariés le :
....	....
Lieu de rencontre : .... La première fois que tu l'as vue : ☐ ça a été le coup de foudre ☐ elle t'a fait rire ☐ tu l'as trouvée belle ☐ tu l'as trouvée intriguante ☐ tu ne l'as pas remarquée Qui a fait le premier pas ? ☐ elle ☐ toi ☐ les deux Lieu de votre première sortie :	Eglise / mairie du mariage : .... Musique de votre mariage : .... Combien d'invités ? .... Dessine ton costume :

Colle ici
une photo de
papi et toi

Adulte

TES DIFFÉRENTES ADRESSES

Ecris les différentes adresses que tu as eues dans ta vie :

Colorie sur la carte que les pays que tu as visités :

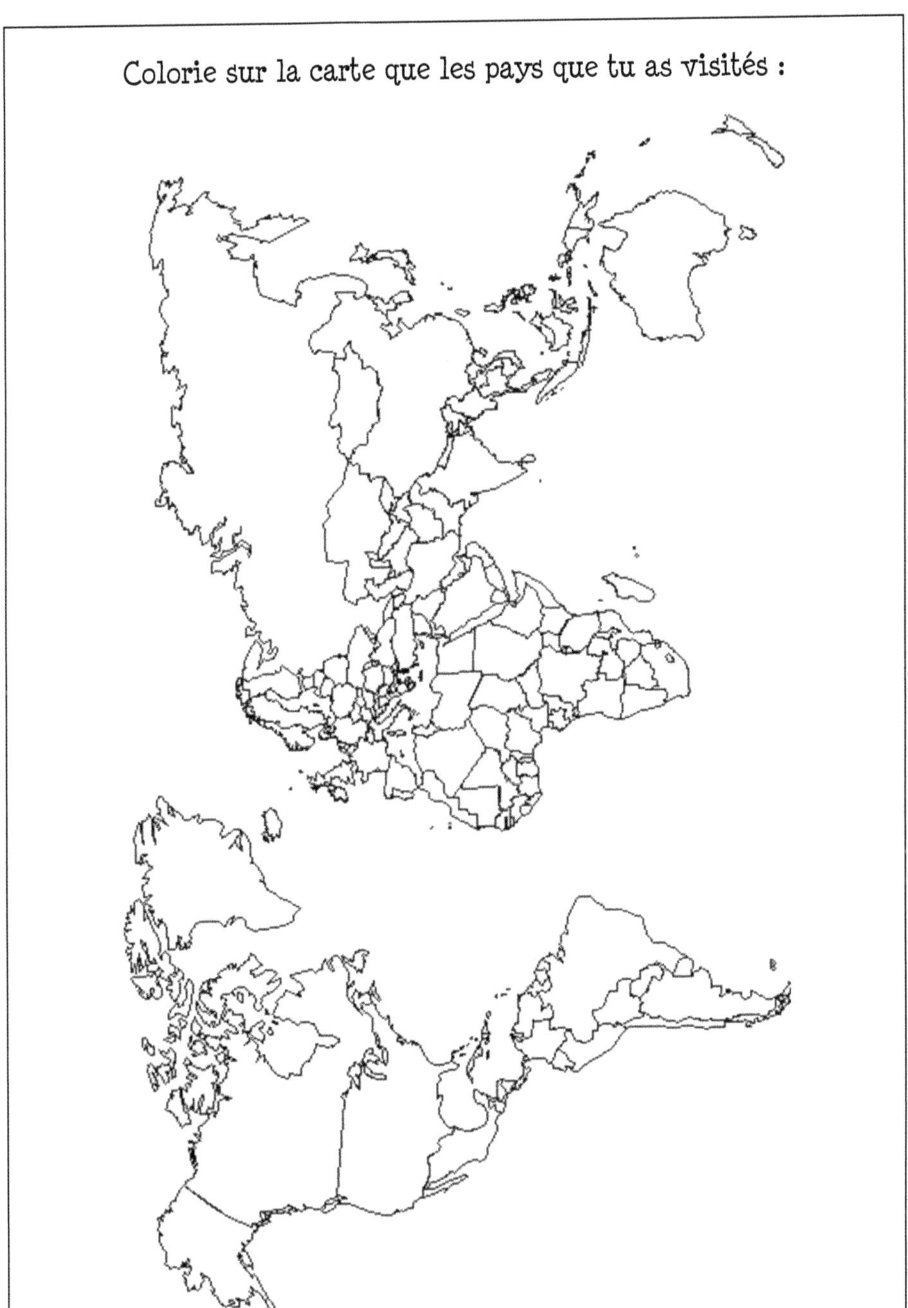

Enfant

TES PASSIONS

Quelles étaient tes passions ?

....

....

....

....

....

....

....

....

....

....

....

....

....

....

....

Film préféré :

....

Livre préféré :

....

Série TV préférée :

....

Collectionnais-tu ?

- ☐ oui
- ☐ non

Quels objets ?

....

....

TA PREMIÈRE VOITURE

Marque & modèle :	Acquise le :
....	....

As-tu le permis ?

- ☐ oui
- ☐ non

Elle était ?

- ☐ diesel
- ☐ à essence

Combien de kilomètres as-tu fait avec ?

....

L'endroit le plus loin où tu as été avec ?

....

Tes autres voitures ?

....

....

....

....

....

Indique les couleurs de ta voiture en la coloriant :

TA RECETTE FÉTICHE

Son nom :

Ingrédients :	Etapes de la recette :

LA PREMIÈRE FOIS QUE TU M'A GARDÉ(E)

Quel âge j'avais ? :	Où étaient papa et maman ?
....	....

Tu as préparé :

- ☐ mon lit
- ☐ des jouets
- ☐ des sorties
- ☐ mes repas
- ☐ la poussette
- ☐ un siège bébé
- ☐ des activités
- ☐ autre : ....
- ☐ autre : ....
- ☐ autre : ....

Tu étais :

- ☐ ravi
- ☐ stressé
- ☐ paniqué
- ☐ détendu
- ☐ inquiet
- ☐ euphorique
- ☐ énervé
- ☐ autre : ....
- ☐ autre : ....

J'ai :

- ☐ pleuré
- ☐ souvent rigolé
- ☐ été content
- ☐ bien dormi
- ☐ mal dormi
- ☐ bien mangé
- ☐ mal mangé
- ☐ autre ....

Les activités que nous avons faites :

....

....

....

....

....

....

....

PHOTO SOUVENIR

UN DESSIN FAIT AVEC TOI

UNE ACTIVITÉ MANUELLE FAITE AVEC TOI

DES GOMMETTES FAITES AVEC TOI

PHOTO SOUVENIR

PHOTO SOUVENIR

PHOTO SOUVENIR

PHOTO SOUVENIR

PHOTO SOUVENIR

UN MESSAGE POUR MOI

Imprimé par Lulu.com
Dépôt : Octobre 2017
N° ISBN : 978-0-244-34383-5

www.ingramcontent.com/pod-product-compliance
Ingram Content Group UK Ltd.
Pitfield, Milton Keynes, MK11 3LW, UK
UKHW021051270726
13967UKWH00012B/230